經典
少年遊

007

杜甫
憂國的詩聖

Tu Fu
The Poet Sage

繪本

故事◎鄧芳喬
繪圖◎王若齊

唐朝有一位詩人， 名叫杜甫，

他有滿腔的理想， 遠大的抱負。

他看不慣官吏的腐敗， 捨不得百姓們挨餓受苦，

一心想替國家做點事。

只不過， 他一生起起落落，

事業上並不得志， 只好不斷寫詩，

來抒發他憂國憂民的心情。

從家鄉來到長安，
想要一展抱負的杜甫，
長達十年之久，　都求不得好職，
身心飽受挫折，　非常沮喪。
當時戰亂四起，　國家正在衰敗，
杜甫攀上高山，　即使正值春天，
他看到的不是風光明媚的景緻，
而是一片破敗的國土。

有一天夜裡，
杜甫目睹兩位凶惡的官吏，
正在四處徵召男丁，
準備打仗去。
一位老婦人哭著說：
「我家只有三個兒子，
統統都被抓去當兵了。
一個兒子寫信回來說，
兩個兄弟已經戰死了。
哪裡還有男丁啊？ 大人！」

不料老婦人一說完，
自己竟被官吏擄走，
到軍隊裡煮飯給士兵吃。

戰場上烽煙四起，
家鄉的土地也荒廢了。
杜甫只能無奈地感慨：
「這個時勢，
生男不如生女好呀！
生下女孩，
還能嫁給附近的人家，
戰爭摧毀太多年輕的生命了！」
杜甫知道，因為動亂與飢荒，
讓百姓承受著妻離子散，
和國破家亡的痛苦。

杜甫經歷了時局動盪，
好不容易求得一名官位，
卻因為得罪皇帝，　而被放歸回鄉。
已經許久沒和家裡通音信的他，
終於能和妻兒重聚了。

10

鄰居們拿著清酒上門前來，
想一起慶祝這令人感動的時刻。
就連家裡養的幾隻雞，
彷彿也感受到快樂的氣氛，
在院子裡又啼又叫， 開心地奔跑著。

回鄉的這段日子，
杜甫終於能和久久不見的好友相聚，
經過歲月的洗鍊，
兩人的鬢髮都已染上了霜白，
不禁感嘆世事變化無常。

好友端出用心烹煮的家常菜，
映著燭火，和杜甫一起喝酒，
聊著人生的悲歡離合，
直到夜深了都不肯分別，
因為誰也不知道何時才能再相聚啊！

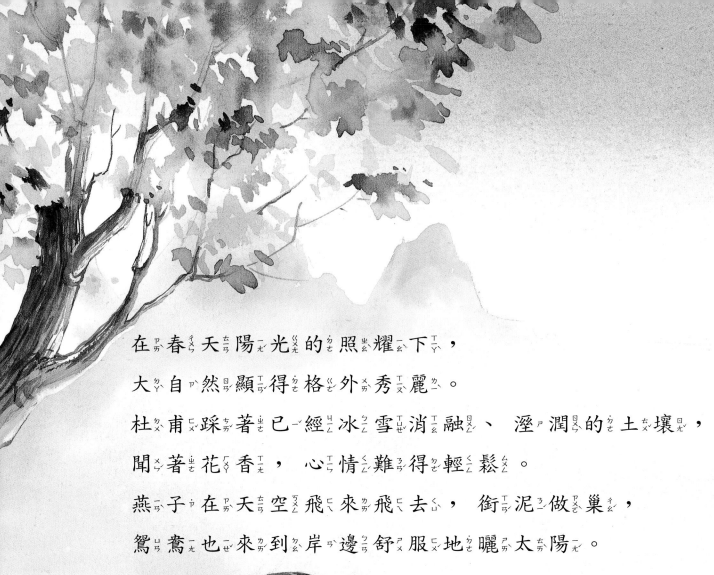

在春天陽光的照耀下，
大自然顯得格外秀麗。
杜甫踩著已經冰雪消融、溼潤的土壤，
聞著花香，心情難得輕鬆。
燕子在天空飛來飛去，銜泥做巢，
鴛鴦也來到岸邊舒服地曬太陽。

14

他心想，
在動盪不安的時局裡，
還能享受這樣安心閒適的日子，
真是難能可貴啊。

15

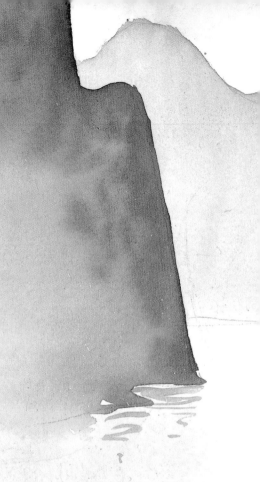

戰亂終於結束了，
大家都喜出望外。
杜甫也急忙收拾行李，
帶著家人搭上朋友的小船，
一行人穿過千山萬水，
奔回老家，
想看看久未見面的親人。

回到老家，
杜甫待在自己蓋的茅屋裡，
聽到夜裡傳來的雨聲滴滴答答，
心想，這場雨來得真是時候。
細雨隨著春風，在夜裡悄悄到來，
默默地滋潤萬物，讓百花齊放。
茅屋外黑茫茫，只有船上的微弱燈火，
這一線的光明，
讓他看到了原本悄悄而落的雨點。
目睹春雨綿綿，
詩人欣慰地想到第二天天亮的時候，
錦官城將是一片萬紫千紅的春色。

他由此想到，有無數靠天吃飯
的百姓因而受惠了，
心中充滿了喜樂，
這真是名副其實的「好雨」啊！

他想著：

「要怎樣才能得到千萬間的房屋，
讓所有貧寒的人都受到庇護，
不再愁容滿面，笑逐顏開呢？」
悲天憫人的杜甫，最先想到的，
永遠都是天下蒼生的幸福啊！

杜甫
憂國的詩聖

讀本

原著◎杜甫
原典改寫◎周姚萍

杜甫出生書香世家，父親和祖父都曾在朝廷任職，但他一生卻浮浮沉沉。哪些人在他的人生中扮演過重要角色？

杜甫（712～770年）又稱杜子美、杜陵野老、杜少陵或杜草堂。他生長於唐朝的亂世中，很同情貧困的百姓，他寫的詩也多半在描述現實生活的苦澀，因此被稱為詩聖，作品則被稱為詩史。充滿抱負的他，參加科舉考試卻常落榜，下圖為杜甫參加貢舉考試落榜後，在河南、山東等地漫遊時所寫的〈望岳〉，經由清代書法家吳大澂所篆刻而成的摩崖石刻。

杜甫

相關的人物

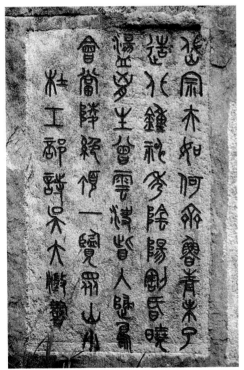

TOP PHOTO

杜審言

杜審言是杜甫的祖父，同時也是唐朝武則天時期，著名的政治家和詩人。他很有才華，對唐詩的發展很有貢獻，後人都認為是他奠定了五言律詩的基礎。

唐玄宗

唐玄宗在位的天寶十年，朝廷舉行了太清宮、太廟和天地的三大盛典，年年不得志的杜甫趕緊寫了三大禮賦，連同求職信，一起進宮獻給唐玄宗。唐玄宗看完後，認為杜甫是個人才，立刻安排他進宮等候任用。

杜閑

杜閑是杜甫的父親、大詩人杜審言的兒子，曾在朝廷擔任司馬、縣令等官職。他的元配是清河崔氏，她是杜甫的親生母親，但卻在生下杜甫不久後過世。

李白

李白是唐朝的大詩人，是杜甫的好朋友。李白和杜甫相差十一歲，他倆曾一起共遊河南，互相寫詩贈送彼此，被世人合稱為「李杜」。只不過，杜甫不像李白那樣浪漫奔放，他寫的詩都是憂國憂民的內容，記載了時代的動盪與戰亂。

杜牧

杜牧是晚唐著名的詩人和古文家，他是杜甫的遠房親戚，當時的人稱他為「小杜」，而他也和李商隱合稱「小李杜」。

杜甫是憂國憂民的詩聖，在他不得志的一生中，有哪些重要的時間點呢？

718 年

杜甫從小好學，讀遍各種經典古籍，累積許多創作的能力。七歲時的某一天，父親帶他讀詩，讀到了「鳳凰」這個詞，杜甫立刻作了一首〈鳳凰〉的詩，他在詩中讚美鳳凰，還說自己以後一定要做個出類拔萃的人。

712 年

杜甫誕生於河南省的鞏縣，他的祖父杜審言是武則天時期很有名的政治家和詩人，父親杜閑也在朝廷任職，杜甫的母親在他出生後不久就去世了。

744 年

這個時候，三十三歲的杜甫認識了已頗具盛名的李白，當時李白已經四十四歲了，兩人一見如故，有如親兄弟般，相約一同去旅行。杜甫為了表達他和李白的友誼，還曾寫下了〈贈李白〉這首詩。

出生

七歲作詩

結伴旅行

相關的時間

困居長安

約 742 ～ 756 年

三十幾歲的杜甫來到首都長安，希望能獲得官職，對國家有所貢獻。結果他不但沒通過考試，還在長安困居十年，嘗盡挫折的滋味，生活困苦時，甚至得上街賣藥補貼家用，沒飯吃的時候還要靠朋友幫忙。

東西交戰

751 年

唐朝安西節度使高仙芝將軍被大食（唐宋時期對阿拉伯帝國的稱呼）打敗，這場戰役史稱「怛羅斯之役」。大量的士兵被俘，當中包括了很多的能工巧匠，因此意外地把造紙術傳給了阿拉伯人，再經由阿拉伯人傳入西方，推動了中國文明在世界的傳播。

安史之亂

755 ～ 763 年

「安史之亂」是唐朝時期的政治叛亂，更是讓唐朝由盛轉衰的關鍵點。唐玄宗不理政事，寵幸楊貴妃，節度使安祿山趁著朝廷腐敗，與部下史思明起兵作亂。「安史之亂」延續八年之久，讓西域的吐蕃等外族有機可乘，佔領河西走廊。右圖為清代〈安祿山事蹟〉，記錄了安祿山受任的官銜，及唐玄宗賜予他的器物等。

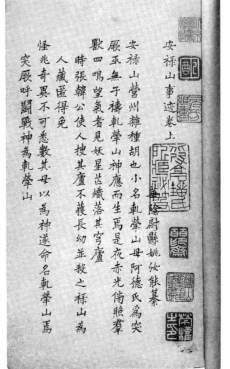

TOP PHOTO

春望

760 年

「安史之亂」期間，杜甫攜家流亡，寫下許多著名的作品，例如〈春望〉、〈羌村三首〉、〈三吏〉，把他的見聞真實地記錄下來。

約 760 ～ 770 年

在杜甫四十八歲至五十八歲的這十年間，隨著九節度官軍在相州戰敗，官府又鬧饑荒，杜甫只好棄官，帶著家人逃難，經過秦州、同谷到了成都，過了一段比較安定的生活。後來軍閥又開始作亂，他便漂流到梓州、閬州、夔州，最後漂流到湖北、湖南一帶。

逃難十年

病逝

770 年

由於戰亂不斷，杜甫晚年過著漂泊的生活，他先是在夔州住兩年，之後又漂流到湖北、湖南一帶。這時的他貧病交加，幾乎瀕臨絕境。就在這一年冬天，他病逝在湘江中的小船上，得年五十九歲。

杜甫除了會寫詩以外，還有許多你不知道的事，
透過這些事物，你會更了解杜甫詩中的意義。

北宋有個文人名叫王洙，他把杜甫的作品編成《杜工部集》，蒐集了一千四百多首詩。「工部」是杜甫曾經擔任過的官名，所以後世稱他為「杜工部」，他的作品集自然也被稱為《杜工部集》。

杜工部集

相關的事物

TOP PHOTO

行卷

杜甫曾多次參加科舉，卻沒有一次通過考試。為什麼呢？因為這時的科舉有些弊病，例如考生在應試前流行「行卷」，就是把自己的作品上呈給社會名流，希望名流能向主考官推薦，暗地裡有一些利益糾葛，而這個問題到了唐末更嚴重。也或許是因為這樣，杜甫終其一生與科舉無緣。

杜甫為了躲避「安史之亂」，攜家帶眷逃到四川，來到成都的浣花溪畔，在朋友的幫忙下蓋了草堂，先後居住了四年，創作近兩百四十首詩之多。杜甫當年居住的草堂早已不在，取而代之的是後人為了紀念他而建的「杜甫草堂博物館」（右圖）。

草堂

當兵

唐末邊患不斷，許多人不願當兵，朝廷便採用職業兵的制度——「募兵制」，來增加士兵的人數。士兵須長期服役，由專門的將領統御。士兵的衣服、食糧全由國家提供，還減免各種賦稅，因此加重了國家的開銷，也導致後來的「安史之亂」。杜甫就曾經寫過「信知生男惡，反是生女好」，意思是指在這個動盪的時代，家裡的男丁全被抓去當兵，生兒子還不如生女兒來得好。

詩中女性

杜甫作品中常見由於戰亂時勢下，失去丈夫的寡妻孀婦。〈負薪行〉一詩裡就曾提到，說國家一年到頭都在打仗，男人要不是被徵召上戰場，就是戰死在外地，女人們很難找到託付終身的對象。許多女人到老還得上山砍柴，負責粗重的工作，好維持家計。

詩史

杜甫一生遭遇許多波折，然而，也孕育了他一顆憂國憂民之心，因此得到了「詩聖」的尊稱。他寫了將近一千四百多首詩，深刻地反映了時代，記錄當時動盪的朝廷，和飽受戰亂侵襲的百姓，反映「安史之亂」前後的真實歷史，而他的詩也被稱為「詩史」。

杜甫曾在青壯年時期和好友李白壯遊，度過美好的時光。循著他們的足跡，體驗這難得的輕鬆愉悅吧！

在今日的開封，也就是古代的汴州，有一座西漢梁孝王所建的古園林，也就是梁園。梁園附近有座高臺，據說古代有位眼盲音樂家師曠經常在這吹奏，所以被稱為吹臺。杜甫和李白壯遊時，先去到汴州，連同詩人高適一起來到吹臺。

TOP PHOTO

吹臺

相關的地方

琴臺

杜甫、李白、高適一同出遊的「合影」永遠留了下來！現今的四川草堂內，有他們三人的雕塑，重現他們一同到山東琴臺，喝酒吟詩的畫面，杜甫的〈昔遊〉就是回憶起三人同遊琴臺而寫的。

當時，北海太守李邕的親戚，在鵲山湖邊蓋了一座新的亭子，李邕便邀請李白、杜甫一起去慶祝新亭落成。之後，他們三人又去鵲山湖邊舉辦宴會，一同遊樂了好幾次。在湖畔的歷下亭裡，杜甫還當場寫了一首〈陪李北海宴歷下亭〉！

鵲山湖

TOP PHOTO

石門山

李白因為仕途不順，一心想要學仙求道。認識了杜甫之後，兩人就去石門山找他們的隱士好友。之後他們又去過好幾次石門山，把周邊的景點都玩遍了。分別時，兩人又到石門山上喝酒聊天，李白還寫下了〈魯郡東石門送杜二甫〉送給杜甫。

蒙山

古人曾說「登東山而小魯，登泰山而小天下」。蒙山（右圖）是中國名山五嶽中的東嶽支系，也就是這句俗諺所指的東山。當年，杜甫、李白一同上蒙山遊歷，順道拜訪了另一位隱士好友范十，寫下了〈與李十二白同尋范十隱居〉作為紀念。

TOP PHOTO

原典

春望

國破[1]山河在[2]，
城春草木深[3]。
感時[4]花濺[5]淚，
恨別[6]鳥驚心[7]。

1. 國破：國家淪亡殘破
2. 山河在：指大自然永恆長存
3. 草木深：草木茂盛
4. 感時：有感於此時戰亂分別
5. 濺：落下
6. 恨別：痛恨戰亂帶來的離別
7. 驚心：內心害怕

烽火[8]連三月[9]，
家書抵萬金。
白頭[10]搔更短，
渾欲不勝簪[11]。

8. 烽火：戰火
9. 連三月：指戰爭一直延續到眼前的三月
10. 白頭：白髮
11. 簪：以簪子固定頭髮

換個方式讀讀看

　　唐玄宗寵愛楊貴妃，更把國家大事交給楊貴妃的堂哥楊國忠處理。楊國忠只知道從人民那裡搜刮錢財，整個國家亂糟糟的，百姓的日子都快過不下去了。

　　唐朝有個守邊疆的大將，叫做安祿山。他跟楊國忠不和，再加上他想自己當皇帝，所以和另一名大將史思明，帶著大軍一路攻向長安，唐玄宗急忙逃到四川去。後來，長安落入安祿山的手裡，唐玄宗的三兒子李亨，在靈武登上皇帝的位置，稱為唐肅宗。

　　「安史之亂」發生後，杜甫一家也跟著其他百姓一起逃難，歷經了千辛萬苦，終於在鄜州的一個農村住下來。這時候，杜甫聽到肅宗登上皇位的消息，心中燃起很大的希望，並決定去投奔肅宗，希望能發揮自己的能力幫助國家。偏偏，他竟然在半路上被安祿山的軍隊抓住，帶往長安囚禁起來。

長安的山脈、河流等自然景觀，都還是原來的模樣，春天也按時來拜訪，但國都已經落入敵軍的手中，受到嚴重的破壞，到處一片殘破的景象；春天繁花盛開、樹綠草長的景色，只是讓長安顯得更缺乏人氣、更荒涼而已。

　　杜甫從高處看著破敗的長安，心情不禁很沉痛，就連身旁的花朵也好像感受到了這份痛苦，難過得落下悲傷的淚水。杜甫又想到自己跟家人分隔兩地，更增添許多憂愁。這時，從枝頭傳來的鳥兒鳴唱，也哀戚得讓人心頭一驚。

　　戰火已經持續了好幾個月，想獲得一則從家裡來的訊息，可說是難上加難。要是真能收到一盼再盼的家書，就算用一萬兩黃金來抵也值得。

　　然而，這當然是空想而已，杜甫也只能整天抓著腦袋不停煩惱著，花白的頭髮也因此愈來愈稀疏，簡直都插不住髮簪了呀。

原典

石壕吏

暮投¹石壕村，有吏夜捉人。
老翁踰²牆走，老婦出門看。
吏呼一何怒，婦啼一何苦。
聽婦前致詞，三男鄴城戍³。
一男附書⁴至，二男新戰死。
存者且偷生，死者長已矣！

1.投：寄住
2.踰：越過
3.戍：防守邊疆
4.附書：捎信

室中更無人，惟有乳下孫[5]。

孫有母未去[6]，出入無完裙[7]。

老嫗力雖衰[8]，請從吏夜歸。

急應河陽役，猶得備晨炊[9]。

夜久語聲絕，如聞泣幽咽[10]。

天明登[11]前途，獨與老翁別。

5. 乳下孫：指年紀很小的孩子
6. 去：離開
7. 完裙：完整無破洞的裙子
8. 衰：減退
9. 晨炊：早飯
10. 幽咽：微弱的哭聲
11. 登：踏上

換個方式讀讀看

　　「安史之亂」依然持續著，唐朝為了補充兵力，便派官兵在洛陽和潼關一帶，強行將百姓家中老老少少的男丁抓去當兵。當時杜甫擔任華州司功參軍，正由洛陽經過潼關，要回華州，因此親眼目睹這樣的慘劇。

　　這天晚上，杜甫來到石壕村，借住在一戶人家裡。這戶人家住著一對老夫婦，與他們的媳婦和年幼的孫子，至於壯年男性，卻一個都看不到。

　　吃過晚飯後，大家都休息了，不多久，外頭卻傳來一陣騷動，仔細一聽，可以聽到有人喊著：「官兵抓人啦！官兵抓人啦！」

　　老夫婦一家都醒了，杜甫也醒了，驚惶失措中，老婦人推著丈夫說：「快！快爬牆逃走！不然連你也要被抓走了！」

　　這時門外已經傳來砰砰砰的敲門聲，老翁在妻子的催促下，連衣服也來不及穿，就匆匆忙忙翻牆跑了，老婦人則趕緊跑去開門。前來抓人的官吏，一副窮凶極惡的樣子，大喊著：「叫你們家的男丁快出來，有幾個就叫幾個出來！」

老婦人忍不住一把眼淚一把鼻涕，一邊說著：「大人哪！我的三個兒子都加入圍攻鄴城的軍隊了。其中一個兒子剛剛寫信回家，說他的兩個兄弟都戰死了。活著的只能勉強地活下去了，戰死的也就永遠從這個世上消失了啊。家裡除了我和媳婦、孫子之外，就再也沒有別人了。媳婦之所以沒有離開家，就是為了要照顧小孫子。但是我這媳婦不管在家或外出，都只有條破裙子穿，日子真的很不好過。」

　　「大人哪！我雖然是個婦人，年紀又大了，沒有多少力氣，但還是請大人讓我跟著您連夜回軍隊，加入河陽的戰役，我知道那兒的戰局很吃緊，很需要人力，雖然我沒辦法上戰場殺敵人，但至少還能為士兵們煮煮早飯吧。」

　　夜漸漸深了，不再有說話聲，四周一片靜悄悄的，卻隱隱約約聽到微弱的悲泣聲。

　　天亮了，杜甫要出發時，已經看不到老婦人，只有老翁來與他告別。

原典

佳ㄐㄧㄚ人ㄖㄣ

絕ㄐㄩㄝ代ㄉㄞ有ㄧㄡ佳ㄐㄧㄚ人ㄖㄣ，幽ㄧㄡ居ㄐㄩ[1]在ㄗㄞ空ㄎㄨㄥ谷ㄍㄨ。

自ㄗ云ㄩㄣ[2]良ㄌㄧㄤ家ㄐㄧㄚ子ㄗ[3]，零ㄌㄧㄥ落ㄌㄨㄛ依ㄧ草ㄘㄠ木ㄇㄨ。

關ㄍㄨㄢ中ㄓㄨㄥ昔ㄒㄧ喪ㄙㄤ亂ㄌㄨㄢ，兄ㄒㄩㄥ弟ㄉㄧ遭ㄗㄠ殺ㄕㄚ戮ㄌㄨ。

官ㄍㄨㄢ高ㄍㄠ何ㄏㄜ足ㄗㄨ論ㄌㄨㄣ，不ㄅㄨ得ㄉㄜ收ㄕㄡ骨ㄍㄨ肉ㄖㄡ[4]。

世ㄕ情ㄑㄧㄥ惡ㄜ衰ㄕㄨㄞ歇ㄒㄧㄝ，萬ㄨㄢ事ㄕ隨ㄙㄨㄟ轉ㄓㄨㄢ燭ㄓㄨ[5]。

夫ㄈㄨ婿ㄒㄩ輕ㄑㄧㄥ薄ㄅㄛ兒ㄦ，新ㄒㄧㄣ人ㄖㄣ美ㄇㄟ如ㄖㄨ玉ㄩ。

1. 幽居：隱居
2. 云：訴説
3. 良家子：家世清白的女子
4. 骨肉：比喻至親
5. 轉燭：風中搖曳的燭火

合昏[6]尚知時，鴛鴦不獨宿。

但見新人笑，那聞舊人哭。

在山泉水清，出山泉水濁。

侍婢[7]賣珠回，牽蘿補茅屋。

摘花不插髮，采柏動盈掬[8]。

天寒翠袖薄，日暮[9]倚[10]修竹[11]。

6. 合昏：合歡花
7. 侍婢：婢女
8. 盈掬：一滿把
9. 日暮：日落
10. 倚：依靠
11. 修竹：修長的竹子

換個方式讀讀看

　　「安史之亂」期間，關中發生大旱災，到處都看得到餓死的人，當時杜甫雖然擔任華州司功參軍，卻還是吃不飽、穿不暖，也沒辦法對人民有一點幫助。後來，他乾脆不做官了，帶著一家搬往秦州。一路上，他看到社會動盪不安，百姓家破人亡，心中真的是百感交集。

　　於是，杜甫藉著一位戰亂中隱居在深山的美麗女子，來表達自己的心情。這位女子的美，沒有任何人比得上，她居住在荒涼空曠的山谷中。她說自己是好人家的子女，只是因為遇上亂世，家庭破碎了，才會來到這裡，和深山的雜草樹木作伴。

　　當年安祿山攻進長安，她的兄弟都被殺了，儘管兄弟們都是高官，卻一點用也沒有，死了以後，連屍骨也收不回來。而且，這個世界非常現實，當一個人擁有權勢的時候，所有人都想巴結，一旦他失去權勢，原本像蒼蠅圍繞在身邊的人，馬上就散了。人生就像風中的燭火一樣，前一刻還明晃晃的，後一刻可能就滅了。

這位女子的娘家家道中落，丈夫還變了心，娶了一位像美玉一樣漂亮的妾。植物中的合歡花還會依照時間開合，從來不會改變；動物中的雄鴛鴦也不會丟下母鴛鴦，獨自離開。但這位女子的丈夫，卻只看到新娶的妾臉上的笑容，完全聽不到妻子傷心哭泣的聲音。

　　在山上的泉水是那麼清澈，但是只要它流出山外，就難免變得混濁。隱居在山中的女子，為了過日子，只好派婢女帶著珍珠到外頭兜售，再採買一些生活所需用品。由於茅屋的屋頂都破了，她還託婢女回來時，順便採一些藤蔓來修補。

　　她現在已經無心打扮自己了，就算摘了花，也不會把花插在頭髮上。倒是由於松柏具有堅貞的特性，所以總是採了一把又一把。當天氣漸漸變冷時，她依然穿著單薄的衣裳，守在這荒涼的山谷；而每當黃昏時，她總是靠在挺直不曲的竹子邊，代表著她永遠不會被命運所打敗，永遠會堅守自己的節操。

原典

羌村三首

峥嶸[1]赤雲西，日腳下平地。

柴門鳥雀噪，歸客千里至。

妻孥[2]怪我在，驚定還拭淚。

世亂遭飄蕩，生還偶然遂。

鄰人滿牆頭，感嘆亦歔欷[3]。

夜闌[4]更秉燭，相對如夢寐[5]。

晚歲迫偷生[6]，還家少歡趣。

嬌兒不離膝，畏我復卻去。

憶昔好追涼，故繞池邊樹。

蕭蕭北風勁，撫事煎[7]百慮。

---

1. 峥嶸：此處形容天空中雲峰之重疊
2. 妻孥：妻子兒女
3. 歔欷：哭泣
4. 夜闌：夜深
5. 夢寐：作夢
6. 偷生：苟且過活
7. 煎：煎熬折磨

賴知禾黍收，已覺糟床[8]注。
如今足斟酌[9]，且用慰遲暮[10]。

群雞正亂叫，客至雞鬥爭。
驅雞上樹木，始聞叩柴荊[11]。
父老四五人，問我久遠行。
手中各有攜，傾榼[12]濁復清。
苦辭酒味薄，黍地無人耕。
兵革[13]既未息，兒童盡東征。
請為父老歌，艱難愧[14]深情。
歌罷仰天嘆，四座淚縱橫[15]。

8. 糟床：榨酒器
9. 斟酌：飲酒
10. 遲暮：晚年
11. 柴荊：柴門

12. 榼：盛酒的容器
13. 兵革：戰爭
14. 愧：慚愧
15. 縱橫：哭得很傷心

換個方式讀讀看

　　杜甫被叛軍抓到長安關了幾個月後，終於有機會逃出去，並跑去投奔肅宗，肅宗也因為他很忠心，賜給他一個官位。但是後來，正直的他因為替宰相房琯說好話，惹得肅宗很生氣，因而命令他回家探親，實際上也就是罷了他的官。

　　杜甫風塵僕僕地趕回妻兒所住的羌村，他在傍晚到達，那時，天邊的夕陽層層堆疊著，有如山峰一般。太陽當了一天的班，似乎累了，於是踩著腳步從天上來到平地，準備休息了。許多鳥雀在木門那兒啾啾嘎嘎地叫著，經過長途奔波的杜甫也到家了。

　　妻兒看到杜甫又驚又喜，沒想到他還好好地活著，更忍不住頻頻擦著眼淚。在亂世中，命運充滿波折的杜甫，還能平安地活下來，真是太幸運了啊。

　　隔壁的鄰居很高興杜甫一家終於能團聚，又不好意思打擾他們，所以只是圍在牆外，跟著他們一起嘆息，一起哭泣。等到夜深人靜的時候，家人們點著蠟燭相對，還覺得好像在作夢呢。

　　回家後，杜甫想到自己年紀這麼大了，卻依然沒有機會發揮所長，也

只能過一天算一天，這樣的日子可說是毫無樂趣可言啊。而他的孩子更因為害怕他這次回來，很快又會離開，所以一直賴在他跟前不肯走開。

　　杜甫想起自己以前很愛乘涼，總是在水池邊、樹底下散著步，而現在寒冷的北風咻咻颳著，似乎掀開了不堪回首的種種，讓他心裡不斷受著煎熬。還好粟和糜子已經收割，榨酒的榨床也似乎聽得到流出美酒的聲音。於是杜甫告訴自己，有了足夠的酒，就可以用來撫慰愁苦的晚年了。

　　院子裡的雞群發出聒噪的叫聲，還打起架來，杜甫把牠們趕到樹上後，才聽到客人敲門的聲音。幾位年長的鄰居帶著酒杯、酒壺，跑來慰問很久沒回來的杜甫。他們有的倒出清酒，有的倒出濁酒，對杜甫說：「不要因為酒味很淡而推辭不喝，戰爭還打個不停，兒子都當兵去了，所以粟田都沒人耕種啊。」

　　杜甫對父老們在這麼艱苦的時候，還帶著酒來和他分享，還這麼關心他，感到很慚愧。但他沒什麼好回報的，只好以吟唱歌詩來表達謝意。唱完後，他抬頭看著天，想到危難的國家、受苦的百姓，以及自己不能達成的抱負，不禁嘆了一口氣，而旁邊所有的人，也忍不住淚流滿面了。

原典

贈（ㄗㄥ）衛（ㄨㄟ）八（ㄅㄚ）處（ㄔㄨ）士（ㄕ）

人（ㄖㄣ）生（ㄕㄥ）不（ㄅㄨ）相（ㄒㄧㄤ）見（ㄐㄧㄢ），動（ㄉㄨㄥ）如（ㄖㄨ）參（ㄕㄣ）與（ㄩ）商（ㄕㄤ）[1]。

今（ㄐㄧㄣ）夕（ㄒㄧ）復（ㄈㄨ）何（ㄏㄜ）夕（ㄒㄧ），共（ㄍㄨㄥ）此（ㄘ）燈（ㄉㄥ）燭（ㄓㄨ）光（ㄍㄨㄤ）。

少（ㄕㄠ）壯（ㄓㄨㄤ）能（ㄋㄥ）幾（ㄐㄧ）時（ㄕ）？鬢（ㄅㄧㄣ）髮（ㄈㄚ）各（ㄍㄜ）已（ㄧ）蒼（ㄘㄤ）[2]！

訪（ㄈㄤ）舊（ㄐㄧㄡ）[3]半（ㄅㄢ）為（ㄨㄟ）鬼（ㄍㄨㄟ），驚（ㄐㄧㄥ）呼（ㄏㄨ）熱（ㄖㄜ）中（ㄓㄨㄥ）腸（ㄔㄤ）。

焉（ㄧㄢ）知（ㄓ）二（ㄦ）十（ㄕ）載（ㄗㄞ），重（ㄔㄨㄥ）上（ㄕㄤ）君（ㄐㄩㄣ）子（ㄗ）堂（ㄊㄤ）。

昔（ㄒㄧ）別（ㄅㄧㄝ）君（ㄐㄩㄣ）未（ㄨㄟ）婚（ㄏㄨㄣ），兒（ㄦ）女（ㄋㄩ）忽（ㄏㄨ）成（ㄔㄥ）行（ㄏㄤ）[4]。

1. 參、商：星宿名。參為參星，位西方。商為商星，位東方，意指彼此隔絕
2. 蒼：鬢髮斑白
3. 訪舊：探問舊友的消息
4. 成行：指多到可以排成行列

48

怡然敬父執[5]，問我來何方。

問答乃未已[7]，驅兒[8]羅酒漿[9]。

夜雨剪春韭，新炊間黃粱[10]。

主稱會面難，一舉累十觴[11]。

十觴亦不醉，感子故意[12]長。

明日隔山岳，世事兩茫茫。

5. 怡然：喜悅

6. 父執：父親的朋友，此指杜甫

7. 乃未已：尚未停止

8. 驅兒：差遣兒女

9. 羅酒漿：張羅酒食

10. 間黃粱：摻雜黃粱

11. 觴：酒杯

12. 故意：舊友的情意

換個方式讀讀看

　　杜甫因為營救房琯而觸怒唐肅宗，雖然受到宰相張鎬的求情，但仍然被貶到華州，永遠離開朝廷。

　　這首詩作於被貶的隔年春天。當時，他從洛陽返回華州的路上，途經老友衛八處士的居所。衛八處士姓衛，在家族中排行第八，而處士則是指隱居之人。

　　杜甫拜訪了友人衛八處士，好友久未相見，就像是參星和商星，分別位在銀河的東西兩方，常相隔絕、不得相見。杜甫不禁深深感慨：「今夕又是何夕啊！經歷了兵馬戰亂與動盪局勢，我和老友現在居然能同在搖曳的燭光下敘舊談笑。」

　　想到這裡，又是更深的嘆息。

　　人生在世短短數十載，少壯時期又有多久？杜甫憶及初識時，他們都還那麼年輕；而歲月飛逝，看看彼此的面容，都已是鬢髮蒼蒼。想探問其他故友的消息，才知道他們多半已不在了。想到人生禍福無常，他們只能一邊因友人的死訊而震驚、因生離死別而心頭難受。

　　想當年啊！杜甫和衛八處士分別時，他都還沒結婚呢！時光倏忽而過，再次見面之時，衛八處士已是兒女成行。孩子們初次看見父親的好

友杜甫，雖然有些陌生，卻仍然親切地向杜甫問候，還好奇地問起他從哪兒來。

問答尚未結束，衛八處士趕緊差遣兒女擺設宴席，為了好好招待杜甫，他割下夜雨後新發的嫩韭菜，還煮了一鍋香噴噴的、摻有黃粱的米飯。熱情的款待，讓這一桌家常飯菜增添溫暖情意，也溫暖了杜甫的心。

衛八處士接著說：「我們要見上一面，是多麼難能可貴！」

他豪氣地舉起酒，一連喝了十杯。

再次相逢，杜甫與老友的心情都極為激動，只能藉著豪飲抒發心情。杜甫雖然喝了不少，卻不會醉，因為他是多麼捨不得、多麼珍視老友的情意啊！

他們除了感慨舊遊凋零、會面之難，其實還悲嘆著即將到來的分別。想到昔日離別，今夕得已再見，但是明日呢？告別今夜融融燭光下的溫暖情意，到了明天，杜甫還是得越過重重山嶺，回到華州去。

想到這裡，杜甫既感傷又無奈。連年的動亂、山岳的阻絕，杜甫與老友的未來，正如這茫茫的世事，連他們自己都無法預料。

原典

絕句二首之一（遲日江山麗）

遲日江山麗，

春風花草香。

1. 遲日：春天日漸長，所以說是「遲日」

泥ㄋㄧˊ融ㄖㄨㄥˊ[2]飛ㄈㄟ燕ㄧㄢˋ子ㄗˇ，

沙ㄕㄚ暖ㄋㄨㄢˇ睡ㄕㄨㄟˋ鴛ㄩㄢ鴦ㄧㄤ。

2. 泥融：指春天來臨，冰雪消融，泥土溼潤

換個方式讀讀看

春天到了，溫暖的陽光遍照大地，江山也都因此閃耀著亮麗光彩。和煦春風輕輕吹送，迎來了花香與草香，撲鼻香味飄散於空氣中，象徵著春天的氣息。

冬日已去，冰雪漸漸融化，泥土潮溼鬆軟，花草萬物正待滋長。燕子飛來飛去地忙著築巢，而一旁，鴛鴦正窩在溫暖沙地上酣睡，真是一幅欣欣向榮的春日風景！

杜甫不僅是個感時憂國的詩人，更像是位出神入化的畫家。這首詩寫作於居住成都草堂時期，讀了他的詩，彷彿親見杜甫眼中、筆下的那片春景。

初始，杜甫以宏觀的角度，帶領讀者望向春意降臨的大地江山。揮別冬日蕭索與灰撲撲的陰沉，在溫暖陽光照耀之下，襯得眼前的河山愈發青翠秀麗、明媚動人。

然而，春天帶來的還不僅是大處的視覺享受，杜甫更進一步地描繪嗅覺的饗宴。百花爭妍、綠草如茵，杜甫不僅想讓讀者看到這幅景色，還

希望讀者也能聞到屬於春天的芳香。

　　於是，春風帶來了溫暖、也帶來了飄啊飄的花香草香，這是屬於春天的氣味。如果首句描寫的秀麗江山是見著摸不著的春意，那麼第二句所寫的香味便是觸手可及，深吸一口氣，就能嗅聞的暖暖春意。

　　可是，春天不僅止於此。杜甫眼中的春日風景畫，還得加上動態景物，才能呈現這幅風景的鮮明活潑。

　　冰霜已融，留下柔軟潮溼、孕育萬物的泥土。杜甫先是描寫了春天裡忙碌的鳥兒，那是一雙又一雙的燕子，翱翔於暖和空氣中，振著翅膀飛來飛去。不過，並非所有動物都和燕子一樣忙碌。杜甫將鏡頭一轉，轉向了暖和沙地上，那一對又一對、靜靜酣睡的鴛鴦。

　　這首詩由遠至近，有靜有動，還透過視覺與嗅覺，構成一幅生動鮮明的春天風景。杜甫描寫景物清麗雅緻，不刻意雕琢字句，讀來卻覺渾然天成、自然清新，真可說杜甫既是詩人、又是畫家！

原典

聞官軍收河南河北

劍外[1]忽傳收薊北[3]，

初聞涕淚滿衣裳。

卻看[4]妻子愁何在，

漫卷[5]詩書喜欲狂。

1. 劍外：地名，指劍閣以南的蜀地
2. 收：收復
3. 薊北：地名，安史之亂的根據地，今河北
4. 卻看：回頭看
5. 漫卷：漫不經心地捲收書冊

白日放歌6須縱酒7，
青春作伴好還鄉8。
即從巴峽穿9巫峽，
便下襄陽向洛陽。

6. 放歌：放聲高歌
7. 縱酒：盡情喝酒
8. 還鄉：返回故鄉
9. 穿：穿越、渡過

換個方式讀讀看

　　國家一直充滿戰亂，百姓始終過著顛沛流離的生活，杜甫自己也像一葉浮萍似的，東飄西蕩；而國家的危難、人們的苦痛，更將杜甫這葉浮萍壓得簡直要沉進水底了。

　　就在杜甫漂泊到了梓州時，一天，忽然傳來大好消息，說是原本陷入敵軍手中的洛陽，已經收復了。連綿七年的「安史之亂」，由於叛軍內部出現問題，使得唐朝的軍隊終於能一舉攻進洛陽，收回失去的土地。

　　「安史之亂」以來，一幕幕百姓受苦、連雞狗都免不了受到殺戮的悲慘畫面，在他腦中轉了又轉。而這一切，終於可以畫下句點了，杜甫想到這裡，真不知道有多高興啊！他高興得簡直控制不住自己，只管哭得一臉眼淚，還把衣服弄得溼答答的。

　　杜甫哭了哭，想到妻子、孩子，連忙轉頭看看他們。他們之前總是鎖

著眉頭，一臉憂愁，但現在那些憂愁已經不知道飛到哪裡去了。洛陽收復了，杜甫的田產在那兒，所以洛陽算是他的故鄉，現在他可以回故鄉，不用繼續東飄西蕩了。

　　快快快！要回去了！回去得收拾行李啊！杜甫的心好急，高興得快發狂，所以連收拾起對自己最重要的詩文書籍，也只是隨隨便便的一捲。

　　快快快！要回去了！這個頭髮已經花白的老人，只想放開喉嚨大聲吟唱歌詩，也想痛快喝酒，把自己的喜悅傳達給所有人知道。而在這大好的春天，春光明媚，可以陪伴心情明朗的他，一路回到故鄉。

　　快快快！要回去了！連一分鐘也等不及了，那就乘著船從巴峽穿越巫峽，這樣便能很快到達襄陽，然後馬上飛奔到朝思暮想的洛陽，一點都不會耽擱啊。

原典

春ㄔㄨㄣ 夜ㄧㄝˋ 喜ㄒㄧˇ 雨ㄩˇ

好ㄏㄠˇ 雨ㄩˇ 知ㄓ 時ㄕˊ 節ㄐㄧㄝˊ[1]，

當ㄉㄤ 春ㄔㄨㄣ 乃ㄋㄞˇ[2] 發ㄈㄚ 生ㄕㄥ 。

隨ㄙㄨㄟˊ 風ㄈㄥ 潛ㄑㄧㄢˊ 入ㄖㄨˋ 夜ㄧㄝˋ[3]，

潤ㄖㄨㄣˋ 物ㄨˋ[4] 細ㄒㄧˋ 無ㄨˊ 聲ㄕㄥ 。

1. 知時節：指春雨懂得季節的需要
2. 乃：於是
3. 潛入夜：形容春雨綿綿的狀態
4. 潤物：滋潤萬物

野徑雲俱黑，
江船火獨明。
曉看紅溼處，
花重錦官城。

5. 野徑：田野間的小路徑
6. 曉：清早時分
7. 紅溼：指雨後的花叢，紅潤一片
8. 錦官城：指成都

換個方式讀讀看

　　古人把在大自然需要雨水滋潤的時候及時所下的雨，叫做「喜雨」。農民需要看天吃飯，及時雨對於舊時的農業社會尤其重要。因此，歷代以來有很多詩人都曾經寫過與「喜雨」主題相關的作品，像曹植、謝朓、鮑照等等，而杜甫更是不只寫過一首，包括了〈喜雨〉、〈過白水明府舅宅喜雨〉，還有這首〈春夜喜雨〉。這首詠物詩，表現了杜甫喜悦的心情，是他居住在四川成都草堂的一年春天（761 年）所寫成。

　　對於杜甫來説，「好雨」應該是在春季而落，因為這個是萬物熬過寒冬、萌芽生長的時節，因此特別需要雨水的滋潤。這種雨，不像是夏天午後的雷陣雨，來得快、去得也快，偶爾還刮著狂風。這時候要是走在路上，一定會變成「落湯雞」，狼狽不堪。但是，好雨卻是這樣的：它細潤、綿密，趁著人們酣睡的時候悄悄而來，無聲無息地把所需要的帶給萬物。如果要把好雨比喻為人，他就是個善良體貼的人，他希望為人

們做點什麼，行善卻不欲為人所知。

　　在下雨的夜晚，本來漆黑的天空額外顯得更深沉，四方郊野什麼都看不見了。唯獨是在江河上，還有一艘船。船上燈火通明，在烏雲密布的夜裡，這一線的光明讓詩人看到了原本悄悄而落、絲絲的雨點。

　　在清晨時分，杜甫開始想像：這場好雨下了一夜，這錦官城（成都）裡經由雨水餵養的繁花到處盛放，每一朵都是飽滿的、沉甸甸的，匯聚成一片紅潤的花海，嬌艷欲滴。

　　這場春雨，在杜甫看來是廣大無私的，他想到有無數的百姓因此而受惠了，於是心中充滿了喜樂，這真是名副其實的「好雨」。杜甫經歷過顛沛流離的生活，在成都草堂居住的這四年，是他人生當中過得比較安穩的期間，〈春夜喜雨〉這首詩不只是對大自然的恩澤，表達出由衷的讚美，也是這個時期的心情反映。

原典

登(ㄉㄥ) 岳(ㄩㄝˋ) 陽(一ㄤˊ) 樓(ㄌㄡˊ)

昔(ㄒㄧˊ)聞(ㄨㄣˊ)洞(ㄉㄨㄥˋ)庭(ㄊㄧㄥˊ)[1]水(ㄕㄨㄟˇ)，
今(ㄐㄧㄣ)上(ㄕㄤˋ)岳(ㄩㄝˋ)陽(一ㄤˊ)樓(ㄌㄡˊ)[2]。
吳(ㄨˊ)楚(ㄔㄨˇ)東(ㄉㄨㄥ)南(ㄋㄢˊ)坼(ㄔㄜˋ)[3]，
乾(ㄑㄧㄢˊ)坤(ㄎㄨㄣ)[4]日(ㄖˋ)夜(一ㄝˋ)浮(ㄈㄨˊ)[5]。

1. 洞庭：湖泊名，位今湖南省
2. 岳陽樓：位今湖南省岳陽縣
3. 坼：裂開
4. 乾坤：天地
5. 浮：漂浮

親ㄑㄧㄣ朋ㄆㄥ無ㄨˊ一ㄧ字ㄗˋ[6]，

老ㄌㄠˇ病ㄅㄧㄥˋ有ㄧㄡˇ孤ㄍㄨ舟ㄓㄡ。

戎ㄖㄨㄥˊ馬ㄇㄚˇ[7]關ㄍㄨㄢ山ㄕㄢ北ㄅㄟˇ，

憑ㄆㄧㄥˊ軒ㄒㄩㄢ[8]涕ㄊㄧˋ泗ㄙˋ[9]流ㄌㄧㄡˊ。

6. 無一字：指失去聯絡
7. 戎馬：戰爭
8. 憑軒：依靠欄杆
9. 涕泗：眼淚鼻涕

換個方式讀讀看

　　杜甫在成都的浣花溪邊，蓋了一間草堂，過了一段比較安穩、自在的日子。然而，漂泊似乎成了他的命運，他和家人又開始一下子搬到這兒、一下子搬到那兒的生活。後來，他更帶著妻兒，從夔州出發，以船為家，四處來去。

　　在杜甫與妻兒搭船離開夔州的那年冬天，他們來到岳陽城，將船停靠好之後，登上了岳陽樓。岳陽樓，是三國時代駐紮在這兒的東吳大將魯肅，為了訓練水軍所蓋起的閱軍樓。唐朝時，擴建了這座閱軍樓，並叫做岳陽樓。

　　杜甫老早就聽說過洞庭湖氣勢雄偉，這一次，他親自登上洞庭湖畔的岳陽樓，終於親身感受到那種壯闊、那種磅礴。長久以來，一覽洞庭湖的心願達成了，他的心中真是感到無限喜悅啊。

　　眼底下廣大無邊的洞庭湖，把過去的吳國和楚國分隔在兩邊；浩瀚的水勢，也讓天和地好像日日夜夜漂浮在上頭。

唐朝另一位有名的詩人孟浩然，也曾經來到洞庭湖，並且以洞庭湖為題材，寫了一首詩，送給當時的宰相張九齡，要藉由這首詩向張九齡表達自己具有遠大的理想，想要貢獻國家。

　　而杜甫和孟浩然一樣，心裡一直懷抱著壯闊的理想呀！

　　只是現在，他站在廣大遼闊、雲霧籠罩的洞庭湖旁邊，卻覺得自己好渺小、好孤單。連年的戰亂，讓他和親朋好友都失去聯絡，連他們是活著還是死了，都不知道！自己的年紀這麼大了，還患了重病，更連個住的地方也沒有，只能搭著一葉孤舟，不知道下一站要往哪裡去。

　　偏偏邊疆還是不停地在打仗，儘管自己這麼擔心，儘管自己滿懷理想，滿懷抱負，但又老又病的身體，還能盡點什麼力量呢？這麼一想，孤寂和失落更蔓延了整個心頭，也讓他忍不住倚著欄杆，任由眼淚奔流個不停了。

當杜甫的朋友

　　杜甫是一位憂國憂民的偉大詩人，他把一生的遭遇都寫成詩，記錄了這個他曾經想努力拯救的紛亂年代。

　　杜甫有豐厚的知識，七歲就能引經據典出口成詩，連他爸爸都嘖嘖稱奇。如果他是你的同班同學，肯定是班上最用功的資優生，是你學習的好榜樣。杜甫有寬廣的眼界，二十歲就當背包客，和好友李白遊歷四方。如果你是杜甫的朋友，他會邀你一起自助旅行，還會告訴你，讀萬卷書，不如行萬里路。旅行的意義，就是體驗不同的生活，學習書本裡找不到的活知識。

　　杜甫有沉痛的苦悶，三十幾歲來到長安，始終無法在朝廷好好發揮。如果你是杜甫的朋友，你會知道他有多看不慣官吏腐敗、多捨不得百姓受苦。生活在這樣的亂世，杜甫即使窮苦潦倒，困居在簡陋的草堂，還不忘照顧隔壁窮苦無依的老寡婦。當杜甫的朋友，觀察他的所作所為，你會明白無私奉獻有多快樂。

　　杜甫一生東奔西跑，沒享受過什麼好日子，但他心裡卻有給不完的愛，筆下總有寫不完的史詩。他不斷寫詩，就是想替社會留下一點關懷。

　　在你飽受打擊、心情沮喪時，杜甫會堅定地告訴你：只要保持信念，少點埋怨，不要放棄，沒有什麼能真正打倒你。就像他的人生，縱然愁苦不堪，但他從沒放棄關懷別人、從沒間斷寫作，他悲天憫人的精神，才能長長久久地照亮這個世界。

我是大導演

看完了杜甫的故事之後，
現在換你當導演。
請利用紅圈裡面的主題（動亂），
參考白圈裡的例子（例如：窮困），
發揮你的聯想力，
在剩下的三個白圈中填入相關的詞語，
並利用這些詞語畫出一幅圖。

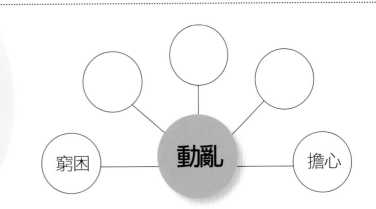

◎ 少年是人生開始的階段。因此，少年也是人生最適合閱讀經典的時候。

　　因為，這個時候讀經典，可以為將來的人生旅程準備豐厚的資糧。

　　因為，這個時候讀經典，可以用輕鬆的心情探索其中壯麗的天地。

◎ 【經典少年遊】，每一種書，都包括兩個部分：「繪本」和「讀本」。

　　繪本在前，是感性的、圖像的，透過動人的故事，來描述這本經典最核心的精神。

　　小學低年級的孩子，自己就可以閱讀。

　　讀本在後，是理性的、文字的，透過對原典的分析與說明，讓讀者掌握這本經典最珍貴的知識。

　　小學生可以自己閱讀，或者，也適合由家長陪讀，提供輔助說明。

001 詩經　最早的歌
Book of Odes:The Earliest Collection of Songs
原著／無名氏　原典改寫／唐香燕　故事／比方　繪圖／AU

聽！誰在唱著歌？「關關雎鳩，在河之洲，窈窕淑女，君子好逑。」這是兩千多年前的人民，他們辛苦工作、努力生活，把喜怒哀樂都唱進歌裡頭，也唱成了《詩經》。這是遙遠從前的人們，為自己唱的歌。

002 屈原　不媚俗的楚大夫
Ch'ü Yüan:The Noble Liegeman
原著／屈原　原典改寫／詹凱婷　故事／張瑜珊　繪圖／灰色獸

如果說真話會被討厭、還會被降職，誰還願意說出內心話？屈原卻仍然說著：「是的，我願意。」屈原的認真固執，讓他被流放到遠方。他只能把自己的真心話寫成《楚辭》，表達心中的苦悶和難過。

003 古詩十九首　亂世的悲歡離合
Nineteen Ancient Poems:Poetry in Wartime
原著／無名氏　原典改寫／康逸藍　故事／張瑜珊　繪圖／吳孟芸

蕭統喜歡文學，喜歡蒐集優美的作品。這些作品是「古詩十九首」，不知道作者是誰，也無法確定究竟來自於何時。當蕭統遇見「古詩十九首」，他看見離別的人，看見思念的人，還看見等待的人。

004 樂府詩集　說故事的民歌手
Yuefu Poetry:Tales that Sing
編者／郭茂倩　原典改寫／劉湘湄　故事／比方　繪圖／菌先生

《樂府詩集》是古老的民歌，唱著花木蘭代父從軍的勇敢，唱出了採蓮遊玩的好時光。如果不是郭茂倩四處蒐集，將五千多首詩整理成一百卷，我們今天怎麼有機會感受到這些民歌背後每一則動人的故事？

005 陶淵明　田園詩人
T'ao Yüan-ming:The Pastoral Poet
原著／陶淵明　原典改寫／唐香燕　故事／鄧芳喬　繪圖／黃雅玲

陶淵明不喜歡當官，不想為五斗米折腰。他最喜歡的生活就是早上出門耕作，空閒的時候看書寫詩，跟朋友喝點酒，開心就大睡一場。閱讀陶淵明的詩，我們也能一同享受關於他的，最美好的生活。

006 李白　長安有個醉詩仙
Li Po:The Drunken Poet
原著／李白　原典改寫／唐香燕　故事／比方　繪圖／謝祖華

要怎麼稱呼李白？是詩仙，還是酒仙？是浪漫的劍客，還是頑皮的大孩子？寫詩是他最出眾的才華，酒與月亮是他的最愛。李白總說著「人生得意須盡歡」，還說「欲上青天攬明月」，那就是他的任性、浪漫與自由。

007 杜甫　憂國的詩聖
Tu Fu:The Poet Sage
原著／杜甫　原典改寫／周姚萍　故事／鄧芳喬　繪圖／王若齊

為什麼詩人杜甫這麼不開心？因為當時的唐朝漸漸破敗，又是戰爭，又是饑荒，杜甫看著百姓失去親人，流離失所。他像是來自唐朝的記者，為我們報導了太平時代之後的動亂，我們看見了小老百姓的真實生活。

008 柳宗元　曠野寄情的旅行者
Liu Tsung-yüan:The Travelling Poet
原著／柳宗元　原典改寫／岑澎維　故事／張瑜珊　繪圖／陳尚仁

柳宗元年輕的時候就擁有好多夢想，等待實現。幾年之後，他卻被貶到遙遠的南方。他很失落，卻沒有失去對生活的希望。他走進永州的山水，聽樹林間的鳥叫聲，看湖面上的落雪，記錄南方的風景和生活。

◎ 【經典少年遊】，我們先出版一百種中國經典，共分八個主題系列：
詩詞曲、思想與哲學、小說與故事、人物傳記、歷史、探險與地理、生活與素養、科技。
每一個主題系列，都按時間順序來選擇代表性的經典書種。

◎ 每一個主題系列，我們都邀請相關的專家學者擔任編輯顧問，提供從選題到內容的建議與指導。
我們希望：孩子讀完一個系列，可以掌握這個主題的完整體系。讀完八個不同主題的系列，
可以不但對中國文化有多面向的認識，更可以體會跨界閱讀的樂趣，享受知識跨界激盪的樂趣。

◎ 如果說，歷史累積下來的經典形成了壯麗的山河，那麼【經典少年遊】就是希望我們每個人
都趁著年少，探索四面八方，拓展眼界，體會山河之美，建構自己的知識體系。
少年需要遊經典。
經典需要少年遊。

009 李商隱　情聖詩人
Li Shang-yin:Poet of Love
原著／李商隱　原典改寫／唐香燕　故事／張瓊文　繪圖／馬樂原

「春蠶到死絲方盡，蠟炬成灰淚始乾。」這是李商隱最出名的情詩。他在山上遇見一個美麗宮女，不僅為她寫詩，還用最溫柔的文字說出他的想念。雖然無法在一起，可是他的詩已經成為最美麗的信物。

010 李後主　思鄉的皇帝
Li Yü:Emperor in Exile
原著／李煜　原典改寫／劉思源　故事／比方　繪圖／查理宛豬

李後主是最有才華的皇帝，也是命運悲慘的皇帝。他的天真善良，讓他當不成一個好君主，卻成為我們心中最溫柔善感的詞人，也總是讓我們跟著他嘆息：「問君能有幾多愁，恰似一江春水向東流。」

011 蘇軾　曠達的文豪
Su Shih:The Incorrigible Optimist
原著／蘇軾　原典改寫／劉思源　故事／張瓊文　繪圖／桑德

誰能精通書畫，寫詩詞又寫散文？誰不怕挫折，幽默頑皮面對每一次困境？他就是蘇軾。透過他的作品，我們看到的不僅是身為「唐宋八大家」的出色文采，更令人驚嘆的是他處處皆驚喜與享受的生活態度。

012 李清照　中國第一女詞人
Li Ch'ing-chao:The Preeminent Poetess of China
原著／李清照　原典改寫／劉思源　故事／鄧芳喬　繪圖／蘇力卡

李清照與丈夫趙明誠雖然不太富有，卻用盡所有的錢搜集古字畫，帶回家細細品味。只是戰爭發生，丈夫過世，李清照像落葉一樣飄零，所有的難過，都只能化成文字，寫下一句「簾捲西風，人比黃花瘦」。

013 辛棄疾　豪放的英雄詞人
Hsin Ch'i-chi:The Passionate Patriot
原著／辛棄疾　原典改寫／岑澎維　故事／張瑜珊　繪圖／陳柏龍

辛棄疾，宋代的愛國詞人。收回被金人佔去的領土，是他的夢想。他把這個夢想寫進詞裡，成為豪放派詞人的代表。看他的故事，我們可以感受「氣吞萬里如虎」的氣勢，也能體會「卻道天涼好箇秋」的自得。

014 姜夔　愛詠梅的音樂家
Jiang K'uei:Plum Blossom Musician
原著／姜夔　原典改寫／嚴淑女　故事／張瓊文　繪圖／57

姜夔是南宋詞人，同時也是音樂家，不僅自己譜曲，還留下古代的樂譜，將古老的旋律流傳到後世。他的文字優雅，正如同他敏感細膩的心思。他的創作，讓我們理解了萬物的有情與奧妙。

015 馬致遠　歸隱的曲狀元
Ma Chih-yüan:The Carefree Playwright
原著／馬致遠　原典改寫／岑澎維　故事／張瓊文　繪圖／簡漢平

「枯藤老樹昏鴉，小橋流水平沙」，是元曲家馬致遠最出名的作品，他被推崇為「曲狀元」。由於仕途不順，辭官回家。這樣曠達的思想，讓馬致遠的作品展現豪氣，被推崇為元代散曲「豪放派」的代表。

經典
少年遊

youth.classicsnow.net

007
杜甫 憂國的詩聖
Tu Fu
The Poet Sage

編輯顧問（姓名筆劃序）

王安憶　王汎森　江曉原　李歐梵　郝譽翔　陳平原
張隆溪　張臨生　葉嘉瑩　葛兆光　葛劍雄　鄭培凱

原著：杜甫
原典改寫：周姚萍
故事：鄧芳喬
封面繪圖：王若齊　王傑
內頁繪圖：王若齊

主編：冼懿穎
編輯：張瑜珊　張瓊文　鄧芳喬
美術設計：張士勇　倪孟慧
校對：呂佳真

企畫：網路與書股份有限公司
出版者：大塊文化出版股份有限公司
台北市10550南京東路四段25號11樓
www.locuspublishing.com
讀者服務專線：0800-006689
TEL：+886-2-87123898
FAX：+886-2-87123897
郵撥帳號：18955675
戶名：大塊文化出版股份有限公司
法律顧問：全理法律事務所董安丹律師

總經銷：大和書報圖書股份有限公司
地址：新北市新莊區五工五路2號
TEL：+886-2-8990-2588
FAX：+886-2-2290-1658
製版：沈氏藝術印刷股份有限公司

初版一刷：2012年9月
定價：新台幣299元